AF492960

contraescrita

ANTON TCHÉKHOV

A Dama Com O Cão

O Marido

e

O Amor

tradução e adaptação
philipe pharo

contraescritlinas

A Dama Com O Cão

Anton Tchékhov

(1860 – 1904)

Traduzido e Adaptado da Versão Inglesa
de Constance Garnett (1861-1946)
por:

Philipe Pharo da Costa

Autor: Anton Tchékhov

Tradutor: Philipe Pharo da Costa

Título: A Dama Com O Cão

Títulos Originais: The Lady With The Dog | Dama S Sobachoy

Coleção: Série Grandes Autores (Vol. IV)

Revisão: do tradutor (1º de Maio de 2020)

Imagem de Capa: ContraatircsE

Design de Capa e Interior: Contraatircse

Produção: Contraatircse

1ª Edição – 14 de fevereiro de 2020

AO 1990

Depósito Legal: 460544/19

ISBN-13: 978-989-54721-0-9

Contacto para encomendas a retalho: ContraatircsE@gmail.com

ÍNDICE

PREÂMBULO

"A Dama Com O Cão" é a história de um caso de adultério de duas pessoas casadas que se encontram de férias em Ialta e acabam por se envolver e quebrar barreiras na busca do amor que os une.

Neste conto, um clássico da Literatura Russa, Anton Tchékhov (Chekhov) liberta os seus mais que reconhecidos dons na arte contista da literatura, Anton Tchékhov é um dos seus expoentes máximos, quiçá o mais máximo desses expoentes contistas literários.

Como complemento o editor escolheu outros dois contos de Tchékhov.

No conto "O Marido", Tchékhov conta-nos uma curta história de um homem enciumado, fazendo um retrato dos debates vincados dentro do casamento.

Em "O Amor", Tchékhov relata em estilo autobiográfico as diversas etapas do amor que conduzem ao casamento.

Desta forma todos os contos inseridos nesta pequena antologia se relacionam com o amor, e em distintos pontos de vista sobre o mesmo.

Philipe Pharo da Costa

Um Poema a Anton

Ó grande Tchékhov!
Tu mestre contista e teatral
Esqueceste de deixar poemas
No meu beiral.

Busquei-tos por todo o lado
E não te encontrei um de autoria,
Somente os de tua homenagem
Escritos noutra forma de poesia.

E bem assim,
Está nas nuvens de cada história
A poesia da vida sem verso,
Em três contos de amor
- que te traduzi -
E com que assim te me despeço.

Philipe Pharo (20/09/2019)

A DAMA COM O CÃO

I – O Encontro

Comentava-se que havia chegado uma nova pessoa à avenida da beira-mar: uma dama com um pequeno cão. Dmitri Dmitritch Gurov, que por essa altura completava uma quinzena de dias em Ialta, e por isso estava como se estivera em casa, tinha começado a nutrir interesse pelas novas chegadas. Sentado na esplanada de Verney, ele viu, caminhando junto ao mar, uma jovem dama loira de média estatura, levava uma boina; um cão Pomerano branco corria atrás dela.

Depois disso ele encontrou-a nos jardins públicos e na praça diversas vezes ao dia. Ela caminhava sozinha, usava sempre a mesma boina, e levava sempre o mesmo cão branco; ninguém sabia quem ela era, e toda a gente lhe chamava simplesmente: "A dama com o cão."

"Se ela está aqui sozinha sem um marido nem amigos, seria pertinente travar conhecimento com ela." – refletiu Gurov.

Ele tinha menos de quarenta anos, mas tinha já uma filha com doze anos, e dois filhos na escola. Ele tinha-se casado jovem, quando era estudante do segundo ano, e a sua esposa parecia agora ter metade a mais do que a sua idade. Ela era alta, uma mulher ereta com sobrancelhas escuras, séria e digna, e, como ela dizia de si mesma, intelectual. Ela lia imenso, usava ortografia fonética, chamava a seu marido, não 'Dmitri', mas 'Dimitri', e ele considerava-a secretamente estulta, mesquinha, deselegante, receava-a, e não gostava de permanecer em casa.

Ele tinha começado a ser-lhe infiel há muito tempo – tinha-lhe sido infiel por diversas vezes, e, provavelmente devido a isso, quase sempre falava mal das mulheres, e quando falavam nelas na sua presença, ele costumava apelidá-las de "raça inferior".

Parecia-lhe que ele havia sido tão ensinado pela experiência da amargura que lhes poderia chamar o que lhe apetecesse, e, no entanto, ele não se aguentava dois dias sem a "raça inferior". Na sociedade dos homens ele aborrecia-se e não se sentia ele mesmo, com eles ele era frio e pouco comunicativo; mas quando se encontrava na companhia de mulheres ele sentia-se livre, e sabia o que lhes dizer e comportar-se; e sentia-se à-vontade com elas mesmo quando se mantinha em silêncio. Na sua aparência, no seu caráter, em toda a sua natureza, havia algo de atrativo e evasivo que atraía as mulheres e as disponha em seu favor; ele sabia disso, e uma qualquer força parecia impeli-lo, também, para elas.

As experiências que tantas vezes se repetiram, experiências verdadeiramente amargas, tinham-no ensinado há muito tempo que, com pessoas decentes, especialmente as de Moscovo – sempre lentas a mover-se e irresolutas – toda a intimidade, que à primeira-vista diversifica a vida e se parece a uma leve e encantadora aventura, desenvolve-se inevitavelmente para um recorrente problema de extrema complexidade, e a longo prazo a situação torna-se intolerável. Mas em todos os novos encontros com uma mulher interessante esta experiência parecia esvanecer-se da sua memória, e a ele que gostava de viver a vida, tudo lhe parecia simples e divertido.

Uma noite estava ele a jantar nos jardins, e a dama da boina surgiu lentamente sentando-se na mesa a seu lado. A expressão dela, o seu andar, o seu vestido, e a forma como arranjava o seu cabelo, tudo isso lhe dizia que ela era uma dama, e que ela era casada, que ela estava em Ialta pela primeira vez e sozinha, e que ela se sentia entediada por aquelas paragens. As histórias que se contam sobre a imoralidade em tais sítios como Ialta são em grande parte falsas; ele desprezava-as, e sabia que tais histórias eram na sua maioria inventadas por pessoas que se alegrariam por pecar se lhes tivesse surgido oportunidade; mas quando a dama se sentou na mesa ao seu lado a meros três passos de si, ele lembrou-se dos contos das conquistas fáceis, de viagens para as montanhas, de um pensamento tentador sobre um expedito e fugaz caso amoroso, um romance com uma mulher desconhecida, cujo nome ele não sabia, tomou subitamente posse dele.

Ele acenou persuasivamente ao Pomerano, e quando o cachorro se chegou a ele agitou o seu dedo perante ele. O Pomerano rosnou: Gurov voltou a agitar o seu dedo novamente.

A dama olhou para ele e logo baixou o seu olhar.

"Ele não morde." – disse ela corando.

"Posso-lhe oferecer um osso? – questionou ele; e quando ela moveu a sua cabeça afirmativamente ele perguntou-lhe com cortesia, "Está em Ialta há muito tempo?"

"Cinco dias."

"E eu já cá estou há uma quinzena."

Fez-se um breve silêncio.

"O tempo urge, e ainda assim aqui é um enorme tédio!" – disse ela, sem o olhar.

É apenas uma moda dizer-se que aqui é um tédio. Um provençal viveria em Belyov ou Zhidra e não seria entediante, e quando chegasse aqui diria: 'Oh, que tédio! Oh, o pó!'; poderíamos pensar que teria vindo de Granada!"

Ela riu-se. Depois continuaram ambos a comer em silêncio, como estranhos, mas depois de jantar eles caminharam lado a lado; e espalhou-se por entre eles o tom ligeiramente jocoso de quem está livre e satisfeito, para quem não importa para onde vão ou sobre o que falam. Eles caminharam e falaram da estranha luz no oceano: a água tinha tomado um tom quente e suave de lilás, e caía uma linha dourada da Lua sobre ela. Eles conversaram sobre o quão abafado estava depois de um dia quente. Gurov disse-lhe que ele tinha vindo de Moscovo, que tinha tirado o seu curso em Artes, mas que mantinha um posto num banco; que já havia treinado para ser cantor de ópera, mas tinha desistido, e contou que detinha duas casas em Moscovo…. E sobre ela descobriu que tinha crescido em Petersburgo, mas havia vivido em S---- desde o seu casamento dois anos em antes, que ela ainda ficaria em Ialta por mais um mês, e que o seu marido, que também necessitava de umas férias, podia eventualmente vir e procurá-la. Ela não estava certa se o seu marido tinha um posto no Departamento da Coroa ou no Conselho Provincial – e estava contente com a sua ignorância. Gurov descobriu, também, que ela se chamava Anna Sergeyevna.

Mais tarde ele pensou nela no seu quarto de hotel – pensou que ela com certeza se iria encontrar com ele no dia seguinte, era certo que aconteceria. Enquanto se enfiava na cama ele pensou em quão tardiamente ela se haveria tornado uma rapariga na escola, atendendo às aulas como a sua própria filha; ele recordou a reserva, a angulosidade, que se manifestava ainda na sua gargalhada e modo de falar com um estranho. Esta deveria ser a primeira vez, em que ela estaria sozinha nas redondezas e em que havia sido seguida, olhada, e abordada tão somente por um motivo secreto que ela dificilmente poderia falhar em adivinhar. Ele recordava o seu esguio e delicado pescoço, os seus adoráveis olhos cinzas.

"Há algo de patético nela, em todo o caso." – pensou ele e adormeceu.

II – À Descoberta do Amor

Uma semana havia passado desde que eles haviam travado conhecimento. Era um feriado. No interior estava abafado, enquanto na rua o vento remexia o pó às voltas e voltas, e soprava os chapéus das pessoas pelos ares. Era um dia sedento, e Gurov ia muitas vezes ao bar. E, ao mesmo tempo, pressionava Anna Sergeyevna a tomar xarope com água ou um gelado. Ninguém sabia o que fazer de si.

Ao anoitecer quando o vento tinha abrandado um pouco, eles foram até ao espigão para ver o barco-a-vapor chegar. Havia uma grande quantidade de pessoas a andar pelo porto; tinham-se juntado para dar as boas-vindas a alguém, traziam *bouquets*. E duas peculiaridades eram bem visíveis na multidão de uma Ialta bem-vestida e aperaltada: as damas mais velhas estavam vestidas como se fossem jovens, e havia um grande número de generais.

Devido a um mar tempestuoso, o barco-a-vapor chegou atrasado, depois de o sol se pôr, e teve que dar uma volta demorada até alcançar o espigão. Anna Sergeyevna olhou através da sua luneta para o barco-a-vapor e para os passageiros como se procurasse reconhecer alguém, e quando se voltou para Gurov os seus olhos brilhavam. Ela falou imenso e fez perguntas sem nexo, esquecendo-se no momento seguinte do que havia acabado de perguntar; depois deixou cair e despedaçar-se a sua luneta.

A multidão festiva começou a dispersar; era demasiado escuro para ver a cara das pessoas. O vento tinha parado completamente, mas Gurov e Anna Sergeyevna mantiveram-se quietos como se esperando para ver alguém mais a sair do barco. Anna Sergeyevna estava agora silenciosa, e cheirou as flores sem olhar para Gurov.

"O tempo está melhor esta noite." – disse ele. "Onde havemos de ir agora? Vamos passear até algum sítio?"

Ela não respondeu.

Depois ele olhou-a com intenção, e de uma só vez colocou o seu braço em volta dela e beijou-a nos lábios, e respirou a humidade e a fragância das flores; e de imediato olhou à sua volta, duvidando ansiosamente sobre se alguém os teria visto.

"Vamos para o hotel." – sussurrou ele. E ambos caminharam apressadamente.

O quarto estava fechado e cheirava ao incenso que ela havia comprado numa loja japonesa. Gurov olhou-a e pensou: "Que pessoas tão diferentes se conhecem no Mundo!". Do passado ele preservou memórias de mulheres bondosas e imprudentes, que amavam entusiasticamente e lhe eram gratas pela felicidade que ele lhes proporcionava, por muito breve que fosse; e de mulheres como a sua esposa que amavam sem qualquer sentimento genuíno, com frases supérfluas, afetadamente, histericamente, com uma expressão que sugeria não ser amor nem paixão, mas algo mais significante; e de outras duas ou três, muito belas, frias, em cujas faces ele tinha vislumbrado uma expressão de ganância – um desejo obstinado de arrancar da vida mais do que o que ela poderia dar, e estas eram caprichosas, irrefletidas, dominadoras, mulheres estultas já para lá da sua primeira juventude, e quando Gurov se tornava frio para com elas a sua beleza excitava o seu ódio, e as rendas das suas roupas pareciam-lhe escamas.

Mas neste caso existia ainda a timidez, a angulosidade da inexperiência da juventude, um estranho sentimento; e havia um senso de consternação como se alguém de repente tivesse batido à porta. A atitude de Anna Sergeyevna – "a dama do cachorro" – perante o que se havia passado, era de certa forma peculiar, muito séria, como se fosse a sua queda – assim parecia, e era estranho e inapropriado. Baixou o seu rosto e empalideceu, e de ambos os lados da face os seus longos cabelos pendiam tristonhos; ela amadureceu numa atitude deprimida tal como "a mulher pecadora" numa imagem retrógrada.

"Está errado!" – disse ela. "Serás o primeiro a desprezar-me agora."

Havia uma melancia sobre a mesa. Gurov cortou uma fatia para si e começou a comer calmamente. Seguiu-se pelo menos uma meia-hora de silêncio.

Anna Sergeyevna estava comovida; havia nela a pureza de uma simples e boa mulher que pouco conhecia da vida. A vela solitária que ardia sobre a mesa lançou uma luz ténue sobre a cara dela, era visível que ela estava muito infeliz.

"Como te poderia desprezar?" perguntou Gurov. "Tu não sabes o que estás a dizer."

"Deus me perdoe!" – disse ela enquanto seus olhos se encheram de lágrimas. "É horrível!"

"Parece que sentes a necessidade de ser perdoada."

"Perdoada? Não. Sou uma mulher má e baixa; desprezo-me a mim própria e não me tento justificar. Não foi ao meu marido, mas a mim mesma que dececionei… E não apenas agora mesmo; Eu já me tenho vindo a dececionar desde há muito tempo. Meu marido pode ser um homem bom e honesto, mas não passa de um lacaio! Não sei o que ele faz por lá, qual é o seu trabalho, mas sei que ele é um lacaio! Eu tinha os meus vinte anos quando me casei com ele. Sentia-me algo atormentada pela curiosidade; eu queria algo melhor. 'Deve haver outra forma de vida.', disse eu a mim mesma. Eu queria viver! Viver, viver!... Eu estava incendiada de curiosidade... tu não entendes, mas, juro por Deus, eu não me podia controlar; algo aconteceu comigo: Eu não podia ser restringida. Disse ao meu marido que estava doente, e vim para aqui.... E aqui eu tenho deambulado como se estivera aturdida, como uma criatura enlouquecida; ... e agora tornei-me uma mulher vulgar e desprezível a quem qualquer um pode desprezar."

Gurov já se sentia aborrecido, de a ouvir. Ele estava irritado pelo tom naïve, por aquele remorso, tão inesperado e inoportuno; mas pelas lágrimas dos seus olhos, ele podia ter pensado que ela estava a brincar ou a desempenhar um papel.

"Eu não compreendo." – afirmou ele brandamente. "O que é que pretendes afinal?"

Ela escondeu a sua cara no peito de Gurov e apertou-se nele.

"Acredita-me, acredita-me, eu suplico-te..." – disse ela. "Amo uma vida pura e honesta, e o pecado é para mim repugnante. Não sei o que estou a fazer. Pessoas simples dizem: 'O Maligno seduziu-me.' E eu posso afirmar a mim mesma que o Maligno me seduziu."

"Faz silêncio, silêncio!... – sussurrou ele.

Ele olhou-a fixamente, com um olhar temeroso, beijou-a, falou calma e afetuosamente, e pouco a pouco consolou-a, e sua alegria regressou; ambos se começaram a rir.

Mais tarde quando eles saíram não havia vivalma na avenida à beira-mar. A cidade com os seus ciprestes tinha um ar moribundo, mas o mar ainda rebentava ruidosamente na costa; uma só balsa cavalgava as ondas, e um farol piscava sonolentamente nela.

Eles apanharam um táxi e dirigiram-se para Oreanda.

"Encontrei o teu apelido no hall mesmo agora: estava escrito no quadro: Von Diderits." – disse Gurov. "O teu marido é alemão?"

"Não; creio que o seu pai era alemão, mas ele é um russo ortodoxo."

Em Oreanda eles sentaram-se num banco não muito longe da igreja, olhavam o mar, e estavam em silêncio. Ialta mal se via através do nevoeiro da manhã; nuvens brancas mantinham-se imóveis nos picos da montanha. As folhas não se mexiam nas árvores, as cigarras não ciciavam, e o monótono som oco do mar crescia desde de baixo, falava da paz, do eterno sono que nos espera. Assim deve ter soado quando não existia Ialta nem Oreanda; assim soa agora, e assim soará indiferente e monotonamente quando deixarmos de existir. E nesta constância, nesta completa indiferença perante a vida e a morte de cada um de nós, aí reside escondida, talvez, a promessa da nossa eterna salvação, do incessante movimento de vida na Terra, de incessante progresso na direção da perfeição. Sentado ao lado de uma jovem mulher que ao alvorecer parecia tão adorável, aliada e fascinada pela envolvente – o mar, montanhas, nuvens, o céu aberto – Gurov pensou como na realidade tudo é belo neste Mundo quando se reflete: tudo exceto aquilo que nós pensamos ou até fazemos quando nos esquecemos da dignidade humana e os mais elevados motivos da nossa existência.

Um homem caminhou na direção deles – provavelmente um guarda – olhou-os e afastou-se dali. E este detalhe parecia misterioso e belo, também.

Eles viram um barco-a-vapor chegar de Teodósia, com as suas luzes visíveis no brilho do alvorecer.

"Há orvalho na relva." – disse Anna Sergeyevna, após um silêncio.

"Sim. É tempo de ir para casa."

Eles regressaram à cidade.

Depois passaram a encontrar-se dia após dia às doze horas junto da beira-mar, lancharam e jantaram juntos, foram passear a pé, admiraram o mar. Ela queixou-se que tinha dormido mal, que o seu coração batia violentamente; fazia as mesmas perguntas, ora agitada pelo ciúme ora agitada pelo medo de que ele não a respeitasse o suficiente. E frequentemente, nas praças ou jardins, quando não havia ninguém perto deles, ele puxou-a subitamente para si e beijo-a ardentemente. Um completo idílio, esses beijos em plena luz do dia enquanto ele olhava em redor receoso de que alguém os pudesse estar a observar, o calor, o cheiro do oceano, e o contínuo passar para trás e para diante perante ele, do ócio, das pessoas bem-vestidas e bem alimentadas, havia feito dele um novo homem; ele disse a Anna Sergeyevna o quão bela ela era, o quão fascinante. Ele estava inquietamente apaixonado, ele não se atrevia a dar um passo que o afastasse dela, enquanto ela estava constantemente pensativa e insistia continuamente que ele confessasse que não a respeitava, que pelo menos não a amava, e que pensava nela como não mais que uma mulher comum. Quase todas as noites bem tardias eles dirigiam-se para algures fora da cidade, para Oreanda ou para a cascata; e a expedição era quase sempre um sucesso, o cenário impressionava-os invariavelmente, como grandioso e belo erguendo-se perante eles.

Eles aguardavam que o seu marido regressasse, mas chegou uma carta da parte dele, dizia que algo de mal se passava com os seus olhos, e ele incitou a sua mulher a que regressasse para casa logo que possível. Anna Sergeyevna deu pressa em partir.

"É bom que eu me esteja a ir embora." – disse ela a Gurov. "É o dedo do destino!"

Ela foi de carruagem e ele foi com ela. Viajaram o dia inteiro. Quando ela chegou a um compartimento do expresso, ao tocar do segundo sino, ela disse:

"Deixa-me olhar-te uma vez mais… olhar-te novamente. É isso."

Ela não deixou cair uma lágrima, mas estava tão triste que parecia estar doente, e sua face estremecia.

"Eu lembrar-me-ei de ti… pensarei em ti." – disse ela. "Deus esteja contigo; sê feliz. Não te lembres mal de mim. Estamos a separar-nos para sempre – assim deve ser, pois nunca nos deveríamos ter conhecido. Bem, Deus esteja contigo."

O comboio partiu rapidamente, as suas luzes logo se esvaneceram da vista, e um minuto mais tarde não se ouvia um só som dele, como se tudo houvesse conspirado junto para terminar assim que possível aquele delírio doce, aquela loucura. Deixado sozinho na plataforma, e olhando para a distância escura, Gurov ouviu o ciciar das cigarras e o zumbir dos fios do telégrafo, sentindo-se como se tivesse acabado de acordar. E então ele pensou, meditando, que ocorrera outro episódio da sua aventura da vida, e essa, também, chegava ao fim, e dela nada restava para lá da memória…. Ele estava comovido, triste, consciente de um leve remorso. Esta jovem mulher que ele não voltaria a encontrar não havia sido feliz com ele; ele que havia sido genuinamente afável e afetuoso para com ela, mas ainda assim na sua maneira, o seu tom, as suas carícias tinham uma ligeira sombra de ironia, a grosseira condescendência de um homem feliz que tinha, além do mais, o dobro da idade dela. Todas as vezes que ela o apelidou de carinhoso, excecional, nobre; obviamente ele parecia-lhe muito diferente do que ele realmente era, pelo que ele a tinha dececionado sem intencionalidade....

Ali na estação já se sentia o perfume do outono; era uma noite fria.

"É hora de eu ir para norte." – pensou Gurov ao abandonar a plataforma. "Mais do que hora!"

III – A Saudade

Na casa em Moscovo tudo se encontrava na sua rotina de inverno; os fornos estavam aquecidos, e de manhã ainda era de noite quando as crianças tomavam o pequeno-almoço e se preparavam para ir para a escola, e a ama acendia ainda a lâmpada por um bocado. As geadas já tinham caído. Quando cai a primeira neve, no primeiro dia de condução do trenó é agradável ver a terra branca, os telhados brancos, de inspirar lentamente o ar delicioso, e a época recorda os tempos idos da nossa juventude. Os velhos limoeiros e vidoeiros, brancos da geada, têm uma expressão bondosa; eles estão mais no nosso coração do que os ciprestes e as palmeiras, e perto deles não se deseja estar a pensar no mar e nas montanhas.

Gurov havia nascido em Moscovo; chegou lá num bonito dia gelado, e quando colocou o seu casaco de peles e as suas luvas quentes, e caminhou ao longo de Petrovka, e quando na noite de sábado ele ouviu o tocar dos sinos, a sua recente viagem e os sítios que haviam visto perderam para ele todo o charme. A pouco e pouco ele foi absorvido pela vida em Moscovo, devora avidamente três jornais por dia, e ele que declarava que não lia jornais por princípio! Ele já sentia falta de ir a restaurantes, clubes, jantares festivos, celebração de aniversários, e sentia-se lisonjeado por entreter distintos advogados e artistas, e a jogar cartas com um professor no bar dos doutores. Ele já conseguia comer um prato inteiro de peixe e repolho.

Um mês depois, ele fantasiou-a, a imagem de Anna Sergeyevna estava envolta numa névoa da sua memória, e apenas de tempos a tempos o visitava nos seus sonhos com um sorriso terno como as outras faziam. Mas passou mais de um mês, tinha chegado o rigor do inverno, e tudo estava ainda cristalino na sua memória como se se tivesse separado de Anna Sergeyevna somente no dia anterior. E as suas memórias brilhavam cada vez mais vívidas.

Quando na quietude da noite ele se encontrava no seu escritório e ouvia as vozes dos seus filhos, preparando as suas aulas, ou quando ouvia uma canção ou o órgão do restaurante, ou aquando a tempestade uivava na chaminé, tudo vinha repentinamente à sua memória: o que tinha acontecido no espigão junto ao mar, e a madrugada com a neblina nas montanhas, e o barco-a-vapor a chegar de Teodósia, e os beijos. Ele caminhava longamente no seu quarto, relembrando tudo aquilo e sorria; então as suas memórias transformaram-se em sonhos, e na sua fantasia o passado mesclava-se com o que estaria por vir. Anna Sergeyevna não o visitou nos seus sonhos, mas seguia-o por todo o lado como uma sombra que o assombrava. Quando fechou os seus olhos ele viu-a como se ela estivesse a viver diante dele, e ela parecia-lhe ainda mais bela, mais jovem, mais ternurenta ainda do que o que ela era; e ele imaginava-se mais elegante do que quando se encontrava em Ialta. Ao anoitecer ela espreitava-o por entre as estantes de livros, desde a lareira, desde as esquinas – ele ouvia-a respirar, a carícia sussurrante do vestido dela. Nas ruas ele mirava as mulheres, procurava alguém que se assemelhasse a ela.

Ele estava atormentado pela ânsia de poder confidenciar as suas memórias a alguém. Mas na sua casa era impossível falar sobre o seu amor, e ele não tinha ninguém fora dali; ele não podia falar com os seus inquilinos, nem com nenhum colega do banco. E de que poderia ele falar? Teria ele estado apaixonado, nessa altura? Haveria algo de mais belo, poético, ou edificante, ou simplesmente interessante nas suas relações com Anna Sergeyevna? E não havia nada que lhe servisse que não fosse falar vagamente sobre o amor, sobre mulheres, e ninguém poderia adivinhar o que aquilo representava; somente a sua esposa ergueu as suas sobrancelhas negras e disse:

"O papel de arrasa corações não te serve de maneira nenhuma, Dimitri."

Certa noite, vindo do bar dos doutores com um oficial com quem havia estado a jogar às cartas, ele não resistiu a dizer:

"Se soubesse que mulher fascinante eu conheci em Ialta!"

O oficial entrou no seu trenó e afastava-se, quando de repente se voltou e gritou:

"Dmitri Dmitritch!"

"O que foi?"

"Tinhas razão esta noite: o esturjão foi demasiado pesado!"

Estas palavras, tão vulgares, por uma qualquer razão levaram Gurov à indignação, e atingiram-no como degradantes e sujas. Que maneiras tão selvagens, que gente! Que noites sem sentido, que dias desinteressantes e rotineiros. A fúria de jogar às cartas, a gula, a embriaguez, a contínua conversa sempre sobre o mesmo. Buscas inúteis e conversas sistemáticas sobre as mesmas coisas absorvem-nos a melhor parte do nosso tempo, a melhor parte da nossa força, e no fim sobra uma vida bajuladora e abreviada, sem valor e trivial, e não há qualquer escapatória – tal como se se estivesse numa prisão ou num hospício.

Gurov não conseguiu pregar olho toda a noite, e estava pleno de indignação. E sofreu de uma enxaqueca todo o dia seguinte. E na noite seguinte ele dormiu mal; sentou-se na cama, a pensar, ou então passeava-se no seu quarto de um lado para o outro. Ele estava farto das suas crianças, farto do banco; não tinha qualquer desejo de ir a lado algum ou de falar fosse com quem fosse sobre nada.

Nas férias de dezembro ele preparou-se para uma viagem, e disse à sua esposa que iria a Peters-

burgo fazer algo no interesse de um jovem amigo –
e ele partiu para S----. Para quê? Ele não se reco-
nhecia bem a si próprio. Ele queria ver Anna Sergeyevna e falar com ela – para marcar um encontro,
se possível.

Ele chegou a S---- de manhã, e ficou com o melhor quarto do hotel a que se dirigiu, no qual o
chão estava coberto com uma carpete de verde militar, e sobre a mesa estava um suporte de tinta,
cinzento do pó e adornado com uma figura mon-
tada a cavalo, com o chapéu na mão e a cabeça par-
tida. O porteiro do hotel deu-lhe a informação ne-
cessária; Von Diderits vivia numa casa própria na
Rua de Velha Goncharnaya – não era longe do hotel: ele era rico e vivia em grande estilo, e tinha os
seus próprios cavalos; toda a gente na cidade o conhecia. O porteiro pronunciou o nome "Dridirits".

Gurov encaminhou-se sem ódios para a Rua de
Velha Goncharnaya e encontrou a casa. Mesmo
oposta à casa estendia-se uma longa cerca cinzenta
adornada com pregos.

"Qualquer um teria vontade de fugir de uma
cerca como aquela." – pensou Gurov, enquanto
olhava desde a cerca até às janelas da casa e de volta à cerca.

Ele considerou: hoje é feriado, e o marido estará provavelmente em casa. E em todo o caso seria indelicado ir à sua casa e transtorná-la. Se lhe enviasse um recado poderia cair nas mãos do marido, e então poderia arruinar tudo. O melhor a fazer é confiar no acaso. E assim continuou a caminhar para cima e para baixo na rua junto à cerca, à espera da oportunidade. Viu um pedinte entrar junto ao portão e de imediato foi cercado por cães; uma hora mais tarde ouviu um piano, e os sons eram fracos e indistintos. Provavelmente era Anna Sergeyevna a tocar. A porta da frente abriu-se repentinamente, e de lá saiu uma velha senhora, seguida do tão familiar pomerano. Gurov estava a ponto de chamar pelo cão, mas o seu coração começou a bater violentamente, e nesta excitação não se conseguia lembrar do nome do cão.

Ele andou para cima e para baixo enquanto abominava cada vez mais aquela cerca cinzenta, e nessa altura ele começou a irritar-se com o pensamento de que Anna Sergeyevna o teria esquecido, e já estaria talvez a divertir-se com um outro qualquer, e de que isso seria extremamente natural que acontecesse com uma jovem mulher que nada mais tinha para olhar além daquela confusa cerca de manhã até à noite. Ele voltou para o seu quarto de hotel e sentou-se no sofá por bastante tempo, não sabendo o que fazer, depois jantou e fez uma longa sesta.

"Quão estúpido e inquietante isto é!" – pensou ele ao acordar e quando olhou para as janelas escurecidas: já era de noite. "Por alguma razão eu terei dormido bem. O que farei durante a noite?"

Ele sentou-se na cama, que estava coberta por um lençol cinzento baratucho, tal como os que se vêm nos hospitais, e ridicularizou-se a si mesmo na sua vexação:

"Acabou-se isto da dama com o cão… acabou-se a aventura…. Meteste-te num belo arranjo…"

Nessa manhã na estação um cartaz com letras garrafais tinha-lhe prendido o seu olhar. "A Gueixa" iria ser levada à cena pela primeira vez. Ele lembrou-se do cartaz e foi ao teatro.

"É bem possível que ela vá a esta estreia." – pensou ele.

O teatro estava cheio. Como em todos os teatros de província havia um nevoeiro por cima do candelabro, a galeria estava ruidosa e inquieta; na primeira fila os 'dandies' locais, a gente fina, mantinham-se de pé até ao início da performance, com as suas mãos atrás das costas; no camarote do Governador estava a filha do mesmo com um cachecol, sentada no lugar da frente, enquanto o próprio Governador espreitava modestamente por detrás da cortina, somente com as suas mãos à vista; a orquestra esteve muito tempo a afinar-se; a cortina do palco oscilava. Enquanto a audiência entrava e tomava os seus lugares Gurov olhava constantemente para eles denotando grande ansiedade.

Anna Sergeyevna, também, entrou. Ela sentou-se na terceira fila, e quando Gurov olhou para ela sentiu o seu coração a contrair-se, e ele percebeu claramente que não existia criatura no Mundo que lhe fosse tão próxima, tão preciosa, e tão importante para ele; ela, essa pequena mulher, de forma alguma notável, perdida numa multidão de província, com uma luneta vulgar na sua mão, preenchia agora a sua vida, era a sua angústia e júbilo, a felicidade que ele agora desejava para si mesmo, e ao som daquela orquestra menor, dos miseráveis violinos provincianos, ele pensou o quão deslumbrante ela era. Pensou e sonhou.

Um jovem com umas pequenas suíças na face, alto e curvado, entrou com Anna Sergeyevna e sentou-se a seu lado; ele curvava a cabeça a cada passo que dava e parecia estar continuamente a fazer uma vénia. Muito provavelmente este era o marido a quem em Ialta, num correr de um sentimento de amargura, ela havia chamado um lacaio. E havia realmente na sua longa figura, nas suas suíças, e na mancha careca da sua cabeça, algo da subserviência de lacaio; o seu sorriso era adocicado, e na sua botoeira havia uma qualquer insígnia distintiva como a de um empregado de mesa.

Durante o primeiro intervalo o marido saiu para fumar; ela manteve-se sozinha no seu lugar de plateia. Gurov, que também estava sentado na plateia, foi ter com ela e disse-lhe com uma voz trémula e um sorriso forçado:

"Boa noite."

Ela viu-o e empalideceu, depois olhou de relance novamente cheia de horror, incapaz de acreditar nos seus olhos, e apertou firmemente o seu leque e a luneta nas suas mãos, era evidente o seu esforço para não desmaiar. Ambos se quedaram em silêncio. Ela estava sentada, ele de pé, assustado com a reação confusa dela não se atreveu a sentar-se a seu lado. Os violinos e a flauta começaram a afinar-se. Subitamente ele sentiu-se intimidado; parecia que todas as pessoas nas galerias estavam a olhar para eles. Ela levantou-se e apressou-se para a porta; ele seguiu-a, e ambos caminharam desatinados por passagens, escadas acima e abaixo, por figuras de uniforme legal, escolástico e de serviço civil, todos usavam dísticos, e tudo isso esvoaçava perante os olhos deles. Eles vislumbraram imagens de damas, de casacos de pele pendurados em pinos; as correntes de ar sopravam-os, trazendo um cheiro a tabaco velho. E Gurov, cujo coração batia violentamente, pensou:

"Oh, céus! Porque estão aqui estas pessoas e esta orquestra!..."

E nesse instante ele recordou-se de quando viu Anna Sergeyevna partir da estação, quando pensava que tudo ali terminava e que eles jamais se iriam voltar a encontrar. Mas como eles estavam afinal tão longe do fim!

Na estreita e sombria escadaria sobre a que estava escrito "Anfiteatro", ela parou.

"Como me assustaste!" – disse ela, ofegante, ainda pálida e surpreendida. "Oh, como me assustaste! Estou quase morta. Porque vieste? Porquê?"

"Mas compreende, Anna, é necessário que compreendas..." – disse ele precipitadamente em voz baixa. "Rogo-te que compreendas..."

Ela olhou-o com medo, com súplica, com amor; ela olhou-o atenciosamente, para guardar as suas feições com melhor distinção na sua memória.

"Estou tão infeliz!" – continuou ela sem o considerar. "Eu não tenho conseguido pensar em nada mais que em ti este tempo todo; eu vivo somente no pensamento de ti. E queria esquecer, queria esquecer-te; mas porquê, oh, porquê, por que é que vieste?"

No patamar acima deles estavam dois estudantes a fumar e a mirá-los, mas isso nada importava a Gurov; ele puxou Anna Sergeyevna contra si e começou a beijar a sua face, as suas bochechas, e as suas mãos.

"O que estás a fazer, o que estás a fazer!" – clamou ela tomada de horror, empurrando-o para trás. "Nós estamos loucos. Vai-te embora hoje; vai-te embora imediatamente.... Suplico-te por tudo o que é sagrado, imploro-te.... Vem aí gente por aqui!"

Alguém se aproximava pelas escadas.

"Tens que te ir embora!" – prosseguiu Anna Sergeyevna num sussurro. "Ouves-me, Dmitri Dmitritch? Eu irei a Moscovo para te ver. Nunca fui feliz; sinto-me desprezível, e jamais, jamais serei feliz; nunca! Não me faças sofrer ainda mais! Juro que irei a Moscovo. Mas agora temos que nos separar. Meu bem e adorado, meu querido, temos que nos separar!"

Ela apertou a mão dele e começou a descer as escadas rapidamente, voltou-se para olhar para ele, e através dos olhos de Anna Sergeyevna ele podia ver que ela estava mesmo infeliz. Gurov deteve-se por uns momentos, ouviu, depois, quando todo o som se havia esvanecido, ele encontrou o seu casaco e saiu do teatro.

IV – Um Novo Caminho

Anna Sergeyevna começou a ir ter com ele a Moscovo. Uma vez por dois ou três meses era deixou S----, dizendo a seu marido que ela iria consultar um médico derivado de uma queixa no interior do seu corpo – e o seu marido fez-se acreditar nela, mas não acreditou. Em Moscovo ela permaneceu no hotel Slaviansky Bazaar, e de imediato enviou um homem de boné vermelho a Gurov. Ele foi ter com ela, e ninguém em Moscovo soube disso.

Uma vez ele ia vê-la seguindo esse mesmo caminho numa manhã de inverno (o mensageiro tinha ido na noite anterior quando Gurov estava ausente). Com ele caminhava a sua filha, a quem ele pretendia levar à escola: ficava no caminho. A neve caía na forma de enormes flocos húmidos.

"Estão três graus acima de zero, e mesmo assim neva." – disse Gurov a sua filha. "O degelo ocorre apenas à superfície da terra; a temperatura a maiores alturas da atmosfera é bastante diferente."

"E porque não há relâmpagos no inverno, pai?"

Ele também lhe explicou isso. Falou continuamente, enquanto o seu pensamento estava todo o tempo centrado no seu encontro com Anna, e nenhuma alma viva sabia disso, e provavelmente nunca saberia. Ele tinha duas vidas: uma, aberta, vista e conhecida por todos os que se interessavam por saber, cheia de relativas verdades e relativas falsidades, exatamente como as vidas dos seus amigos e conhecidos; e uma outra vida traçando a sua rota secretamente. E através de uma estranha, talvez acidental conjunção de circunstâncias, tudo o que era essencial, de interesse ou de valor para ele, tudo em que ele era sincero e não em que não se desiludia a si mesmo, tudo o que representava o cerne da sua vida estava escondido das outras pessoas; e tudo o que nele era falso, a bainha em que ele se escondeu de si mesmo para ocultar a verdade – tal como, por exemplo, o seu trabalho no banco, as suas discussões no bar, a sua "raça inferior" a sua presença com a sua mulher em festas de aniversário – toda ela estava aberta. E ele julgava os outros em função de si, não acreditando no que via, e sempre acreditando que cada homem tinha a sua vida real, a parte mais interessante dela debaixo dos panos do secretismo e do véu da noite. Toda a vida pessoal se baseava no secretismo, e possivelmente era em parte devido a isso que o homem civilizado estava tão nervosamente ansioso que fosse respeitada a sua privacidade.

Depois de deixar a sua filha na escola, Gurov foi até ao *Slaviansky Bazaar*. Ele deixou o seu casaco de pele em baixo, subiu as escadas, e bateu suavemente à porta. Anna Sergeyevna, usando o seu vestido cinzento favorito, exausta da viagem e do suspense, tinha estado à espera dele desde a noite anterior. Ela estava pálida; olhou-o, e não sorriu, e ele mal acabara de entrar quando ela caiu ao seu peito. O seu beijo foi lento e prolongado, como se eles não se vissem há dois anos.

"Bem, como te estás a aguentar?" – perguntou ele. "Que notícias?"

"Espera; eu vou-te contar diretamente…. Não posso falar."

Ela não conseguia falar; ela estava a chorar. Virou-lhe as costas e levou o seu lenço aos olhos calcando as lágrimas.

"Deixa-lhe passar a choradeira. Vou-me sentar e espero." – pensou ele e sentou-se numa cadeira de braços.

Depois ele tocou a campainha e pediu que lhe fosse levado chá, e enquanto ele bebia o seu chá ela manteve-se de pé à janela com as suas costas voltadas para ele. Ela chorava com a emoção, da miserável consciência de que a vida era tão dura para com eles; eles apenas se podiam encontrar em segredo, escondendo-se das pessoas, como ladrões! Não era a vida deles uma vida completamente despedaçada?

"Vem, p(á)ra com isso!" – disse ele.

Era evidente para ele que este amor entre eles não terminaria tão breve, e que ele não conseguia ver o fim dele. Anna Sergeyevna tornou-se mais e mais apegada a ele. Ela adorava-o, e era impensável dizer-lhe que aquele amor estava destinado a ter um fim algum dia; além disso, ela não acreditaria.

Ele dirigiu-se a ela e tocou-a junto aos ombros para lhe dizer algo afetuoso e animador, e nesse momento ele viu-se no espelho.

O seu cabelo já começava a tornar-se cinzento. E parecia-lhe estranho que ele tivesse envelhecido tanto, tão mais evidente nos últimos anos. Os ombros em que as suas mãos repousavam eram quentes e trêmulas. Ele sentiu compaixão por aquela vida, ainda tão quente e adorável, mas provavelmente já não tão longe de começar a esmorecer e a murchar como a sua própria. Porque o amaria ela tanto? Para as mulheres ele pareceu sempre diferente daquilo que realmente era, e elas amavam nele não o seu ser, mas o homem criado pela imaginação delas, a quem haviam buscado toda a sua vida; e depois, quando se aperceberam do seu erro, elas amaram-no de qualquer das formas. E nem uma só delas tinha sido feliz com ele. O tempo passava, Gurov convivia com elas, dava-se com elas, separava-se, mas ele nunca as amou; seria qualquer coisa que possais entender, mas não era amor.

E somente agora que a sua cabeça estava cinzenta ele se tinha propriamente e realmente apaixonado – pela primeira vez na sua vida.

Anna Sergeyevna e ele amavam-se como pessoas muito próximas e semelhantes, como marido e mulher, como ternos amigos; parecia-lhes que o próprio destino os tinha ditado um para o outro, e eles não conseguiam entender porque tinha ele uma esposa e ela um marido; e era como se eles fossem um par de pássaros de passagem, apanhados e forçados a viver em gaiolas diferentes. Eles perdoavam-se um ao outro pelo que sentiam vergonha no seu passado, eles perdoavam tudo ao presente, e sentiam que este seu amor os havia mudado a ambos.

No passado, nos momentos de depressão, ele tinha-se confortado com quaisquer argumentos que lhe viessem à cabeça, mas agora ele já não dava importância aos argumentos; ele sentia profunda compaixão, ele queria somente ser sincero e ternurento....

Depois passaram um longo tempo a aconselhar-se mutuamente, falavam sobre como evitar a necessidade do secretismo, da deceção, de viverem em cidades diferentes e não se verem um ao outro por muito tempo de cada vez. Como é que eles se poderiam libertar desta intolerável escravidão?

E parecia como que se a solução em breve viesse a ser encontrad, e depois iniciar-se-ia uma nova e esplêndida vida; e era claro para ambos que eles ainda teriam a percorrer uma estrada muito longa que se erguia diante deles, e que a parte mais complicada e difícil dessa estrada estava apenas a começar.

FIM

O MARIDO

O MARIDO

No curso de manobras que o regimento de cavalaria N---- levou a cabo durante uma noite na cidade sede do ditrito de K----. Um evento assim como a visita de oficiais tem sempre o mais excitante e inspirador efeito nos habitantes das cidades de província.

O sonho dos lojistas, verem-se livres das salsichas bolorentas e das latas de sardinhas da "melhor marca" que estão nas prateleiras há dez anos; os hostais e os restaurantes mantêm-se abertos toda a noite; o Comandante Militar, a sua secretária, e guarnição local vestem os seus melhores uniformes; os polícias andam para trás e para diante como loucos, já o efeito entre as damas está para lá de qualquer descrição.

As damas de K----, ouvindo a aproximação do regimento, abandonam suas panelas de geleia fervente e acorrem às ruas. Esquecendo os seus 'deshabille' (trajes) matinais e desleixo geral, elas apressam-se esbaforidas com a excitação de ir ao encontro do regimento, e ouvem avidamente a banda que toca a marcha.

Olhando para as caras pálidas, estáticas, pode-se pensar que aqueles acordes vieram de um qualquer coro celestial em vez de uma banda militar de metais.

"O regimento!" – gritam elas alegremente. "O regimento está a chegar!"

O que poderia este desconhecido regimento que por acaso havia chegado hoje e que partiria amanhã de madrugada significar para elas?

Mais tarde, quando os oficiais estavam plantados no meio da praça, e, com as suas mãos por detrás das costas, discutido a questão dos bilhetes, todas as damas foram agrupadas no magistério de examinação e disputando entre si os criticismos ao regimento. Elas já sabiam, sabe deus como, que o coronel era casado, mas que não vivia com a sua esposa; que a esposa do oficial sénior tinha dado à luz um bebé morto todos os anos; que o adjuvante estava desesperadamente apaixonado por uma condessa qualquer, e tinha até tentado cometer suicídio uma vez. Elas sabiam tudo. Quando um soldado picado-das-bexigas numa camisola vermelha passava como uma flecha junto das janelas, elas tinham a certeza que era o Tenente Rymzov a correr ordeiramente pela cidade, a tentar arranjar uma cerveja inglesa amarga a horas para o seu superior. Eles tinham apenas tido um vislumbre das costas do oficial à sua passagem, mas haviam já decidido que não havia nem um só homem bonito ou interessante entre eles. Tendo falado ao contentamento de seus corações, elas dirigiram-se ao Comandante Militar e ao comité da associação, e instruíram-nos a fazer os devidos preparos a qualquer custo para que se realizasse uma dança.

Os seus desejos foram satisfeitos. Às nove horas da noite a banda militar estava a tocar na rua diante da associação, enquanto dentro da própria associação os oficiais dançavam com as damas de K----.

As damas sentiam-se como se tivessem asas.

Intoxicadas pela dança, a música, e o bater das esporas, elas atiravam-se de alma e coração para travar conhecimento dos seus novos parceiros, e praticamente se esqueciam dos seus velhos amigos civis.

Os seus pais e maridos, temporariamente forçados a ficar no pano-de-fundo, populavam em volta da escassa mesa de bebidas do hall de entrada.

Todos estes caixas do governo, secretários, funcionários, e superintendentes – figuras velhas, de aspeto doente e atrapalhado – estavam perfeitamente a par da sua inferioridade. Eles nem sequer entraram na salão-de-baile, mas contentavam-se em contemplar à distância as suas mulheres e as suas filhas a dançar com os elegantes oficiais que as escolhiam.

Entre os maridos encontrava-se Shalikov, o cobrador-de-impostos – uma alma mesquinha e maldosa, dada à bebida, com uma cabeça grande e mal recortada, e lábios grossos e protuberantes.

Ele havia tido uma educação universitária; tempos haviam ido em que ele costumava ser um leitor de literatura progressiva e cantava canções de estudantes, mas agora, como ele próprio disse, ele era um cobrador-de-impostos.

Ele segurava-se de pé contra a soleira da porta, os seus olhos estavam fixados na sua mulher, Anna Pavlovna, uma pequena morena nos seus trinta, com um longo nariz e um queixo afiado. Com a roupa bem justa, a sua face cuidadosamente maquilhada, ela dançava sem parar para respirar – dançou até ao ponto de cair de exaustão. Mas apesar de ela estar exausta de corpo, o seu espírito era incansável.... Podia-se reparar que enquanto ela dançava os pensamentos estavam com o passado, esse distante passado quando ela costumava dançar no "Colégio das Jovens Damas", sonhando com uma vida de luxo e alegria, e nunca duvidando que o seu marido seria um príncipe ou, na pior das hipóteses, um barão.

O cobrador-de-impostos mirava, olhando com despeito....

Não era ciúmes que ele sentia. Ele estava mal-humorado - primeiro, porque a sala estava tomada pelas danças e ele não tinha nenhum sítio para jogar umas cartas; segundo, porque não conseguia ouvir o som dos instrumentos de sopro; e, terceiro, porque ele considerou que os oficiais tratavam os civis de alguma forma demasiado casual e desdenhosa. Mas o que acima de tudo o revoltava e o levava à indignação era a expressão de felicidade na cara da sua esposa.

"Agonia-me olhar para ela!" – resmungou ele. "A caminho dos quarenta, com nada de que se possa gabar em momento algum, e ela têm que se maquilhar e aperaltar toda! E ajeitar o cabelo! Namoriscando e fazendo caras, e a fantasiar que está a fazer tudo em grande estilo!

Argh! Que bela figura és na minha alma!"

Anna Pavlovna estava tão perdida na dança que nem uma só vez olhou para o marido.

"Claro que não! Onde é que nós pobres caipiras do campo entramos!" – escarneceu o cobrador-de-impostos.

"Agora estamos em saldo.... Somos as focas desajeitadas, ursos provincianos sem polidez, e ela a rainha do baile! Ela conseguiu manter a sua aparência o suficiente para agradar até a oficiais.... Eles não se renegariam a fazer amor com ela, atrevo-me a dizer!"

Durante a mazurca a cara do cobrador-de-impostos contorceu-se com desdém. Um oficial com olhos proeminentes e maxilares Tártaros dançou a mazurca com Anna Pavlovna.

Assumindo uma posição austera, ele moveu as suas pernas com seriedade e instinto, e tanto curvava os seus joelhos que parecia um janota de primeira articulado com cordas, enquanto que Anna Pavlovna, pálida e encantada, dobrando a sua figura languidamente e virando os seus olhos para cima, tentava fazer parecer que mal tocava no chão, e evidentemente sentiu-se ela mesma que não estava na Terra, não naquele local de associação, mas algures longe, bem longe – nas nuvens.

Não só a sua cara, mas toda a sua figura era uma expressão de bem-aventurança. O cobrador-de-impostos não podia aguentar aquilo mais tempo; ele sentiu o desejo de ridicularizar aquela bem-aventurança, fazer Anna Pavlovna sentir que ela se havia esquecido de si mesma, que a vida não era de modo algum aprazível como ela agora fantasiava no deslumbrar da sua excitação....

"Tu espera! Eu vou-te ensinar a sorrir assim tão ditosamente. Tu não és uma caloira de universidade, tu não és uma menina. Vou-te pregar um susto à moda antiga para que percebas que és um pavor!"

Sentimentos de inveja fúteis, vexação, orgulho ferido, daquela pequena misantropia provinciana engendrada na mesquinhez dos oficiais atestados de vodka e uma vida sedentária, entravam no seu coração como se fossem ratos.

Esperando o fim da mazurca, ele foi até ao hall e dirigiu-se para a sua esposa.
Anna Pavlovna estava sentada com o seu parceiro de dança, e, agitando o seu leque e as suas pestanas como uma coquete, descrevia nesses gestos como costumava dançar em Petersburgo (os seus

lábios juntavam-se como as pétalas de um botão-de-rosa, e ela pronunciou "na casa em Petersburgo").

"Aninha, encaminhemo-nos para casa" – coaxou o cobrador-de-impostos.

Vendo o seu marido perante ela, Anna Pavlovna começou como que a lembrar-se do facto de que ela tinha um marido; depois corou completamente: ela sentiu vergonha de ter um marido com um aspeto tão doentio, mal-humorado e ordinário.

"Encaminhemo-nos para casa" – repetiu o cobrador-de-impostos.

"Porquê? Ainda é bastante cedo!"

"Rogo-te que venhas para casa!" – disse o cobrador-de-impostos deliberadamente, e com uma expressão plena de desdém.

"Porquê? Aconteceu alguma coisa?" – Anna Pavlovna perguntou como que tendo uma palpitação.

"Nada aconteceu, mas desejo que venhas para casa imediatamente.... Eu desejo-o e isso é o suficiente; e sem mais conversas, fazes favor."

Anna Pavlovna não tinha medo de seu marido, mas ela sentiu vergonha por conta de seu parceiro, que olhava para o marido dela com surpresa e divertimento.

Ela levantou-se e moveu-se um pouco à parte com o seu marido.

"Que noção é esta?" – começou ela. "Porquê ir para casa?" Porquê, ainda não são onze horas."

"Eu desejo-o e isso é o suficiente. Vem comigo, e é tudo o que há para dizer."

"Não sejas patético! Vai para casa sozinho se quiseres."

"Muito bem; então terei que fazer uma cena."

O cobrador-de-impostos viu por fim o olhar de bem-aventurança desaparecer gradualmente do rosto da sua mulher, viu quão envergonhada e desprezível ela era – e ele sentiu-se um pouco mais contente.

"Porque me queres de imediato?" – perguntou a esposa.

"Eu não te quero, mas desejo que estejas em casa. Desejo-o, é tudo."

Primeiro Anna Pavlovna recusou ouvir aquilo, depois começou a rogar a seu marido para a deixar ficar apenas mais meia-hora; depois, sem saber porquê, ela começou a pedir-lhe desculpa, a protestar – e tudo num sussurro, com um sorriso, de maneira a que os espetadores não se apercebessem de que ela estava a ter uma discussão com o seu marido. Ela assegurou-lhe que não se demoraria, apenas mais uns dez minutos, apenas cinco minutos; mas o cobrador-de-impostos manteve obstinadamente a sua posição.

"Fica se o desejas," – disse ele, "mas eu farei uma cena se assim procederes."

E enquanto ela falava com o seu marido Anna Pavlovna parecia mais magra, mais velha, mais pura.

Pálida, mordendo os seus lábios, e quase chorando, ela foi até à entrada e começou a vestir as suas coisas.

"Tu não vais, pois não?" – perguntaram as damas surpresas. "Anna Pavlovna, tu não vais, minha querida?"

"Doí-lhe a cabeça!" – afirmou impositivamente o cobrador-de-impostos no lugar de sua esposa.

Saindo da associação, o marido e a esposa caminharam todo o caminho para casa em silêncio. O cobrador-de-impostos caminhou atrás de sua esposa, e olhava a sua figura cabisbaixa, entristecida, e humilhada, então ele recordou aquele olhar vivo de bem-aventurança que tanto o havia irritado aquando na associação, e a consciência da evidência de que essa bem-aventurança tinha desaparecido do seu rosto preenchia-lhe o peito triunfante.

Ele estava agradado e satisfeito, e ao mesmo tempo sentia a falta de alguma coisa; ele teria gostado de ter voltado para trás até à associação e achincalhar todos os presentes, e fazê-los sentir-se desprezados, para que todos pudessem saber o quão obsoleta e sem valor é a vida quando se caminha ao longo das ruas na escuridão e se ouve o escorrer da lama debaixo dos próprios pés, e quando sabes que vais acordar na manhã seguinte com nada mais para olhar adiante que não seja a vodka e as cartas. Oh, como é horrível!

E Anna Pavlovna mal conseguia andar.... Ela estava ainda debaixo da influência da dança, da música, da conversa, das luzes, e do barulho; ela perguntou-se a si mesma à medida que caminhava por que Deus assim a afligia.

Ela sentiu-se desprezível, insultada, e sentia-se esganada pelo ódio enquanto ouvia os passos pesados do seu marido. Ela estava silenciosa, tentava pensar na palavra mais ofensiva, mordaz, e venenosa com que ela pudesse atingir o seu marido, e ao mesmo tempo ela sabia perfeitamente que nenhuma palavra poderia penetrar o couro hediondo do seu cobrador-de-impostos. Que lhe importavam a ele as palavras? O seu mais amargurado inimigo não lhe podia ter forçado a posição mais desesperante do que aquela.

E enquanto a banda tocava, a escuridão estava cheia das mais ruidosas e intoxicantes músicas de dança.

FIM

O AMOR

O AMOR

Três da manhã. Uma amena noite de abril olha-me pelas minhas janelas e carinhosamente cintila as suas múltiplas estrelas para mim.
Não consigo dormir, estou tão feliz!

"Todo o meu ser de cabeça aos pés arde com um estranho e incompreensível sentimento. Eu não o posso analisar neste preciso momento – não tenho o tempo, sou demasiado preguiçoso, e aí – enforquem a análise. Porque é que um homem tem tendência a interpretar as suas sensações quando ele está com a cabeça como um sino, ou quando acabou de saber que ganhou duzentos mil rublos? Está ele em estado de o fazer?"

Foi mais ou menos assim que comecei a carta de amor para Sacha, uma mulher de dezanove anos pela qual me havia apaixonado. Eu comecei-a cinco vezes, e as mesmas tantas vezes as rasguei, rasurei páginas inteiras, e copiei-a toda de novo.

Gastei tanto tempo com a carta como se tivesse sido um romance que tinha que escrever por encomenda. E não porque eu tentara que fosse mais longa, mais elaborada, e mais fervorosa, mas porque eu queria infinitamente prolongar o processo dessa escrita, quando nos sentamos na quietude do estudo e se comunga com os sonhos despertos e devaneios enquanto a noite da primavera olha para a nossa janela.

Entre as linhas eu vi uma querida imagem, e parecia-me que havia, sentados à mesma mesa que eu a escrever comigo, espíritos num estado de felicidade tão naïve, tão tontos, e a sorrir com tal alegria como eu. Escrevi continuamente, olhando para a minha mão, que ainda doía deliciosamente onde as suas mãos haviam pressionado recentemente, e se eu afastasse o meu olhar eu tinha à vista as grades verdes do pequeno portão.

Sacha olhou-me através das grades depois de eu lhe ter dito adeus.

Quando eu estava a dizer adeus a Sacha, eu estava a pensar em nada e estava simplesmente a admirar a sua figura como qualquer homem decente admira uma mulher bonita; quando eu vi pelas grades dois olhos grandes, subitamente, assim como por inspiração, soube que eu estava apaixonado, que tudo estava acertado entre nós, e previamente decidido, faltaria tão somente nada mais do que levar a cabo certas formalidades.

É enorme prazer selar uma carta-de-amor, e, vestir o casaco e pôr o chapéu vagarosamente, para sair sorrateiramente da casa e transportar o tesouro até ao correio.

Não há quaisquer estrelas no café agora: no seu lugar há um tracejado alvacento longo no Este, quebrado aqui e ali pelas nuvens sobre os telhados das casas sujas; desde esse tracejado todo o céu está inundado com uma luz pálida.

A cidade dorme, mas os chárteres de água já saíram, e algures numa fábrica distante sopra o som de um assobio para acordar os trabalhadores.

Junto ao marco-de-correio, levemente húmido do orvalho, é certo encontrar-se a figura desastrada de um porteiro de casa, a vestir uma pele de ovelha em forma de sino e a transportar um cajado.

Ele está numa condição semelhante à da catalepsia: ele não está a dormir nem acordado, mas algo no meio disso.

Se os marcos-de-correio soubessem quantas vezes as pessoas recorrem a eles para a decisão das suas vidas, não teriam um ar tão humilde. Eu, de todas as maneiras, quase que beijei o meu marco-de-correio, e quando o olhei refleti e considerei o marco-de-correio como a maior das bênçãos.

Eu imploro a qualquer pessoa que alguma vez se tenha apaixonado a lembrar-se como habitualmente nos apressamos para casa depois de deixar cair a carta no marco, como nos enfiamos na cama e se puxa os lençóis com a plena convicção de que logo que se acorda de manhã nos sentimos assoberbados com memórias do dia anterior e olhamos com embevecimento à janela, onde a luz do dia irá avidamente fazer o seu caminho através dos foles das cortinas.

Bom, aos factos.... Na manhã seguinte ao meio-dia, a criada de Sacha trouxe-me a seguinte resposta:

"Estou delissiada garante que venhas ter connosco hoje por favor fico a contar convosco.

Respeitosamente."

Nem uma só vírgula. Esta falta de pontuação, e o erro ortográfico na palavra "deliciada", toda a carta, e até o envelope comprido e estreito no qual tinha sido colocada enchia o meu coração com ternura.

No dispersar tímido da sua escrita à mão eu reconheci o andar de Sacha, a sua forma de erguer as sobrancelhas quando se ria, o movimento dos seus lábios.... Mas o conteúdo da carta não me satisfez.

Em primeiro lugar, não se responde assim a cartas poéticas, e no segundo, porque iria eu a casa de Sacha aguardar até que a sua robusta mãe, seus irmãos, e outras relações menores nos deixassem juntos e a sós?

Nunca lhes caberia na cabeça. E nada é mais horrendo do que ter que restringir as euforias simplesmente devido à intrusão de uma qualquer bugiganga animada na forma de uma velha mulher meio-morta ou pequena miúda a importunar-nos com perguntas.

Enviei uma resposta pela criada pedindo a Sacha para escolher um parque ou uma avenida para um *rendez-vous*. A minha sugestão foi prontamente aceite. Eu tinha tocado a corda certa, como diz o ditado.

Entre as quatro e as cinco da tarde eu fiz o caminho até à zona mais distante e mais coberta de vegetação do parque. Não havia uma alma em todo o parque, e o encontro poderia ter decorrido algures mais perto numa das avenidas ou pérgulas, mas as mulheres não gostam de fazer as coisas aos bocados nos assuntos românticos; perdido por cem, perdido por mil – se se está a fim de um encontro, deixa-se que aconteça no mais distante e impenetrável matagal, onde não se corre o risco de tropeçar em algum homem rude ou bêbado.

Quando me dirigi a Sacha ela estava sentada com as suas costas para mim, e nessas costas eu conseguia perceber um diabólico mistério.

Parecia tal como se aquelas costas e a nuca do seu pescoço, e os manchas negras do seu vestido estivessem a dizer:

"Chiu!..."

A rapariga vestia um vestido simples de algodão sobre o qual ela tinha colocado um leve manto. Para acrescentar ao ar de secretismo misterioso, a sua cara estava coberta com um véu branco.

Para não estragar o efeito, eu tinha que me

aproximar em pontas dos pés e falar por meios sussurros.

Do que me recordo agora, eu não era bem o ponto essencial daquele *rendez-vous*, mas antes um detalhe dele. Sacha não estava tão absorvida pela entrevista em si mesma como estava pelo seu romantismo misterioso, os meus beijos, o silêncio das árvores lúgubres, os meus votos….

Não houve um minuto em que ela se esquecesse de si mesma, ou fosse dominada, ou que deixasse cair aquela expressão de mistério da sua cara, e de facto, se lá estivesse um qualquer Ivan Sidoritch ou Sidor Ivanitch no meu lugar, ela ter-se-ia sentido igualmente feliz.

Como é que se pode em tais circunstâncias perceber se se está apaixonado ou não? Se o amor é "aquela verdadeira coisa" ou se não?

Do parque levei Sacha para casa comigo. A presença da mulher amada nos retiros de um solteirão afeta-o como o vinho e a música.

Habitualmente começa-se a falar do futuro, e da confiança e da autoestima com a qual se faz isso vai para lá de quaisquer limites. Fazem-se planos e projetos, fala-se fervorosamente da categoria de general quando na verdade ainda não se chegou à categoria de tenente, e no meio disso tudo se disparam as mais estratosféricas baboseiras a ponto de a própria ouvinte ter de ser detentora de uma boa parte de amor e ignorância da vida para o consentir.

Felizmente para os homens, as mulheres são sempre cegadas pelos seus sentimentos e nunca sabem nada da vida. Longe de não consentirem, elas tornam-se de facto pálidas com divino temor, são cheias de referência e penduram-se avidamente às palavras do maníaco. Sacha ouviu-me com atenção, mas cedo detetei uma expressão de ausência de pensamento no seu rosto, ela não me compreendia. O futuro do qual eu falava interessava-lhe somente no seu aspeto externo e eu estava a desperdiçar tempo ao expor os meus planos e projetos perante ela.

Ela estava extremamente interessada em saber qual seria o seu quarto, que papel ela teria no quarto, porque tinha eu um piano de parede em vez de um piano de cauda, e assim por diante.

Ela examinou cuidadosamente todas as pequenas coisas na minha mesa, olhou para as fotografias, cheirou as garrafas, tirou os selos velhos dos envelopes, e dizia que os queria para algo.

"Por favor coleciona selos velhos para mim!" – disse ela, enquanto fazia uma cara séria.

"Fá-lo, por favor."

Depois encontrou uma noz na janela, partiu-a ruidosamente e comeu-a.

"Porque não colocas pequenas etiquetas nas costas dos teus livros?" – perguntou ela ao olhar para a estante."

"Para quê?"

"Oh, para que cada livro tenha o seu número. E onde é que eu vou pôr os meus livros? Eu também tenho livros, sabes."

"Que livros é que tens?" – perguntei-lhe.

Sacha ergueu as suas sobrancelhas, pensou por um momento e disse:

"De todos os géneros."

E se acaso me tivesse passado pela cabeça perguntar-lhe pelos seus pensamentos, quais convicções, quais objetivos ela tinha, ela levantaria as suas sobrancelhas sem dúvida, pensaria um pouco, e teria dito da mesma forma:

"De todos os géneros."

Mais tarde eu ia a casa de Sacha e de lá saía regularmente, oficialmente noivos, eramos assim reconhecidos até ao nosso casamento. Se o leitor me permitir julgar meramente através da minha experiência pessoal, eu mantenho que estar-se noivo é muito monótono, bem mais do que ser-se marido ou até mesmo sem qualquer compromisso.

Um noivo não é uma coisa nem a outra, deixou uma margem do rio e não chegou à outra, ele não é casado e, no entanto, já não se pode considerar solteiro, mas encontra-se numa condição não muito diferente da do porteiro que mencionei acima.

Todos os dias, logo que tinha um momento livre, eu apressava-me para junto da minha noiva. Enquanto me dirigia para ela entediava-me com uma multitude de esperanças, desejos, intenções, sugestões, expressões. Sempre fantasiei que logo que a criada abrisse a porta eu deveria, por me sentir oprimido e sufocado, emergir de uma vez até ao pescoço num mar de felicidade revigorante.

Mas tudo acabava por resultar de forma diferente. Todas as vezes que eu ia ver a minha noiva eu encontrava a sua família e outros membros da casa ocupados com o enxoval ridículo.

(E já agora, eles laboraram arduamente a cozer por dois meses e depois não tinham mais que cem rublos no valor das coisas.)

Havia o cheiro de ferros-de-passar, cera de vela e fumaças. Amassavam-se cornetas debaixo de nossos pés. Os dois quartos mais importantes estavam atulhados de volumes de linho, algodão e seda, e de entre esses volumes espreitava a pequena cabeça de Sacha com um cordão nos seus dentes.

Toda aquela festa de cozer me recebia com clamores de júbilo, mas de imediato me levava até à sala-de-jantar onde eu não os atrapalharia nem veria aquilo que só é permitido aos maridos contemplar.

Apesar dos meus sentimentos, eu tinha que me sentar na sala-de-jantar e conversar com Pimenovna, uma das relações menores.

Sacha, com uma expressão de preocupação e excitação, continuava a correr por mim com um dedal, uma meada de lã ou outro qualquer objeto desinteressante.

"Espera, espera, eu não demoro um minuto." – diria ela quando eu lhe revelava olhos suplicantes. "Imagina só que aquela infeliz Stepanida estragou o corpete do vestido de noiva!"

E depois de esperar em vão por essa graça, eu perdi a minha têmpera, saí da casa e caminhei pelas ruas na companhia da nova bengala que havia comprado. Ou então eu queria fazer uma caminhada ou dar um passeio com a minha noiva, dava uma volta pela casa e encontrava-a já pronta no hall com a sua mãe, vestida para sair e a brincar com a sua sombrinha.

"Oh, vamos até à Arcada." – ela diria. "Temos que comprar mais alguma caxemira e mudar de chapéu."

Deitei as mãos à cabeça. Juntei-me as senhoras e fui com elas até à Arcada. É revoltante e enfadonho ouvir as mulheres às compras, regateando e tentado ludibriar a atenta senhora da loja. Eu senti vergonha quando Sacha, depois de revirar as montanhas de peças, e de conseguir baixar os preços até ao mínimo, saiu da loja sem comprar nada, ou então dizia à senhora da loja para retirar peças no valor de metade dos rublos.

Quando saíam da loja, Sacha e a sua mamã com caras assustadas e preocupadas discutiam longamente sobre terem cometido um erro, de ter comprado a peça errada, as flores da chita eram demasiado escuras, e assim por diante.

Sim, é um tédio estar-se noivo! Até que enfim que acabou.

Agora estou casado. É de noite. Estou sentado a ler os meus estudos.

Atrás de mim no sofá está Sacha sentada a mascar qualquer coisa de forma barulhenta. Eu quero um copo de cerveja.

"Sacha, procura-me o saca-rolhas…" – digo-lhe eu. "Está pousado algures por aí."

Sacha salta do sofá, inspeciona desordeiramente por entre dois ou três montes de papéis, deixa cair os fósforos, e sem que encontre o saca-rolhas, senta-se em silêncio…. Passam cinco minutos - dez… Eu começo a sentir-me tomado tanto pela sede como por vexação. "Sacha, procura-me mesmo o saca-rolhas." – digo-lhe eu.

Sacha salta do sofá novamente e inspeciona nos papéis junto a mim. O seu amassar e agitar dos papéis afeta-me como o som de facas afiadas uma contra a outra….

Eu levanto-me e começo a procurar o saca-rolhas por mim mesmo.

Por fim encontra-se o objeto e a rolha da cerveja é retirada. Sacha permanece junto à mesa e começa a dizer-me que algo com grande profundidade.

"Era melhor que lesses algo, Sacha." - digo eu.

Ela pega num livro, senta-se de frente para mim, e começa a mover os seus lábios. Eu olho para a sua fronte, lábios em movimento, e afundo-me num pensamento."

"Ela está quase nos vinte…" - reflito. "Se se pegar num rapaz das classes instruídas com aquela idade e os comparar, que diferença!

O rapaz teria o conhecimento, as convicções e alguma inteligência."

Mas eu perdoo essa diferença, tal como perdoo a testa pequena e os lábios em movimento. Eu lembro de nos meus velhos tempos de Lovelace ter descartado uma mulher por uma mancha nas suas meias, ou por uma palavra idiota, ou por não limparem os dentes, e agora eu perdoo tudo: o mascar, a embrulhada de andar atrás do saca-rolhas, o desleixo, as longas conversas sobre coisas que nada importam; eu perdoo tudo quase que de uma forma inconsciente, sem qualquer esforço de vontade, como se os erros de Sacha fossem os meus erros, e muitas coisas que me fariam estremecer noutros tempos, moviam-me agora para a ternura e até para o embevecimento.

A explicação deste perdão a tudo reside no meu amor por Sacha, mas qual a explicação do Amor em si mesmo, eu não sei realmente.

FIM

SOBRE O AUTOR

Anton Pavlovic Tchékhov (1860 – 1904) foi um médico qualificado, e considerava ser essa a sua principal profissão, no entanto, as suas peças de teatro renderam quatro clássicos, e os seus contos estão considerados entre os mais importantes da história da literatura mundial entre os escritores e críticos. Era Russo e faleceu aos 44 anos de tuberculose.

TÍTULOS DA COLEÇÃO
DEZ MARAVILHAS DE JACK LONDON

JÁ PUBLICADOS

Emil Gluck: O Pior Inimigo do Mundo
Vol. I (3ª Edição)
Jack London
Tradução: Philipe Pharo da Costa

Uma Invasão Sem Precedentes
Ou: A Guerra de Jacobus Laningdale
Vol. II (2ª Edição)
Jack London
Tradução: Philipe Pharo da Costa

O Conto das Mil Mortes
Ou: O Navio da Tortura
Vol. III (2ª Edição)
Jack London
Tradução: Philipe Pharo da Costa

O Pagão
Vol. IV (2ª Edição)
Jack London
Tradução: Philipe Pharo da Costa

A PUBLICAR BREVEMENTE

O Vermelho
Vol. V
Jack London
Tradução: Philipe Pharo da Costa

TÍTULOS DA
SÉRIE GRANDES AUTORES

JÁ PUBLICADOS

Um Pequeno Mal Por Um Grande Bem
Série Grandes Autores (I)
Voltaire
Tradução: Philipe Pharo da Costa | Fabiana Ribeiro

O Gato Preto
Série Grandes Autores (II)
Edgar Allan Poe
Tradução: Philipe Pharo da Costa

A Dama Com O Cão
Série Grandes Autores (IV)
Anton Tchékhov
Tradução: Philipe Pharo da Costa

A PUBLICAR BREVEMENTE

Manifesto do Partido Comunista
Série Grandes Autores (III)
Karl Marx | Friedrich Engels
Tradução: Philipe Pharo da Costa

OUTROS TÍTULOS
PUBLICADOS PELA CONTRAATIRCSE

Livro dos Poemas de Fruto Proibido
do Doutor Armando do Sal
e Outros Textos Neoexperimentais
Philipe Pharo da Costa

As Meias do Poeta Victor Nuno de Menezes
e Outros Fragmentos Físico-Teóricos
Philipe Pharo da Costa

Me And The World: Poetry and Fragments
(Bilingual Edition Portuguese-English) (2ª Edição)
Philipe Pharo da Costa

De Moi Vers Le Monde
(Édition Bilingue Portugais-Français) (2ª Edição)
Philipe Pharo da Costa

Este Aparelho Deve Ser Instalado
Por Pessoas Competentes
(Primeiro Manual)
Philipe Pharo da Costa

A PUBLICAR BREVEMENTE

Outras Mulheres
Philipe Pharo da Costa

www.ingramcontent.com/pod-product-compliance
Lightning Source LLC
Chambersburg PA
CBHW010429120726
47992CB00010B/3391